JN287887

いのち

まえがき

いじめ、虐待、殺人、自殺など痛ましい事件がたくさん報道されています。なぜ、こんなにかんたんに人を傷つけてしまうのでしょう。なぜ、こんなにかんたんに死んでしまうのでしょう。

私はニュースの九割以上が心痛める事件のように感じていますが、それが結果として同じような事件を広げることになっていないでしょうか。むしろニュースの九割を喜びの出来事にすれば、喜びが広がっていくのではないでしょうか。私は、真剣にそう思っています。

この本は、いのちの意味、生きる意味を見直すきっかけにしてもらいたい、という願いで書きました。多くの人に読んでいただきたいと思います。幸せの種まきとして、多くの人に、この本をプレゼントしてください。

目次

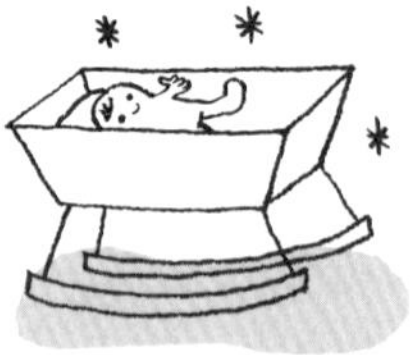

いのちの意味、つながり

いのちって何だろう。どこからやってきたんだろう。

私は、何のために生まれてきたんだろう。

1 かけがえのない存在

あなたは、自分が生まれてきた確率を考えたことがありますか。

お父さんとお母さんが出会う確率は、三十億人の女性の中の一人と三十億人の男性の中の一人とが出会う確率、10の19乗分の1です。

あなたはお父さんの一個の精子とお母さんの一個の卵子から生まれたのですが、別の精子、別の卵子だったら、別の人が生まれてきたはずです。

お父さんが一生で生み出す精子の数は約二兆個、お母さんが一生で生み出す卵子は約五百個、その一個の精子とその一個の卵子が受精する確率は

10の15乗分の1。これも奇跡的な確率です。

つまり、あなたがあなたとして生まれてきた確率は、この奇跡的な確率を二つ掛け合わせた確率、10の34乗分の1！

あなたが生まれてきた確率は、奇跡的な確率だったのです。

あなたは奇跡的な存在、奇跡的ないのちです。

そしていま、たった一度の人生を生きているのです！

あなたも私も、すべての人は、かけがえのない存在です。

それを知ったら決して自分を粗末にしたり、他人を傷つけたりはできません。

世界観が変わるでしょう。

2 私たちは兄弟

誰でも、親は二人です。その親は四人、その親は八人です。
十世代（約二百年）さかのぼると千二十四人。
二十世代（約四百年）さかのぼると約百万人。
三十世代（約六百年）さかのぼると約十億人。
ところが、六百年前の世界人口は十億人もいません。
これは何を意味するでしょう。

私とあなたは、必ずどこかでつながっているのです。
つまり私たちは、兄弟であり、親戚だということなのです。
どう思いますか。何かが変わりませんか。

同じことは、全世界の人々にもいえることです。

たまたま違う国で育っただけで、みんな兄弟なのです。

国と国が争うこと、どう思いますか。

「他人だから」とか、「外国人だから」ではないのです。

兄弟が、親戚が、お互いに無関心であったり、憎みあったり、争ったり、戦ったり、殺しあったりすることはないのです。

3 スターチャイルド（星の子）

私たちの体は元素によって構成され、その元素は食べ物を通して地球からやって来て、排泄物として地球に還っていきます。元素の組成は変わりますが、元素そのものは変化しません。

ということは、私たちの体をつくっている元素は、地球をつくっている元素と同じものですから、地球と同じ四十六億年の歴史をもっているのです。

地球は元素をつくることができませんから、元素は宇宙から来たのです。宇宙は星くずで満たされていて、それが集まって太陽や地球をつくります。元素は星くず（スターダスト）から来たのです。

では、スターダストはどこから来たのでしょう。

星はスターダストからつくられ、スターダストは星の爆発でつくられる

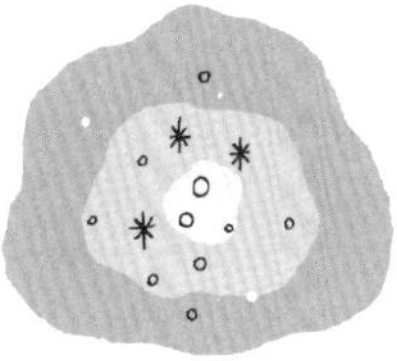

のです。元素は、宇宙の中でも循環しているのです。

星の寿命は五十億年から百億年です。

スターダストは、悠久の宇宙の中で、悠久の時間の中で循環し、星をつくったり、地球をつくったり、つかのまの生命（植物、動物、私たち）をつくったり、爆発してスターダストに戻ったり、宇宙の中を循環しているのです。

私たちは、星くず、星のかけら、星の子ども（スターチャイルド）なのです！

私たちは、星そのものかもしれない！

私たちは、宇宙そのものかもしれない！

4 アミ　幸せ

自然の中で暮らす人々（先住民族）には「アミ」という言葉があります。これは、「私、あなた、彼、彼女、私たち、あなたたち、彼ら」という人称（単数、複数）すべてを表わします。

ですから「アミ　幸せ！」というと「私も幸せ、あなたも幸せ、みんな幸せ」という意味なのです。彼らには「自分だけの幸せ」はないのです。幸せというのは、みんなが幸せなことなのです。

彼らには、「自分と他人」を区別するという観念がないのです。ということは、損得も、敵味方もないのです。

自分と他人の区別がベースになっている言葉、敬語とか、お詫びとか、遠慮などもありません。言いたいけど言えない、もありません。

「自分のお母さん、よそのお母さん」「うちの子、よその子」という区別もありません。みんなで、子どもを守り、みんなで子どもを育てます。

ここには、育児ノイローゼもないし、子どもの虐待も存在しないのです。

親殺しも、子殺しも、自殺もありません。

分かち合うのは当たり前で、奪い合いや競争も起こりません。

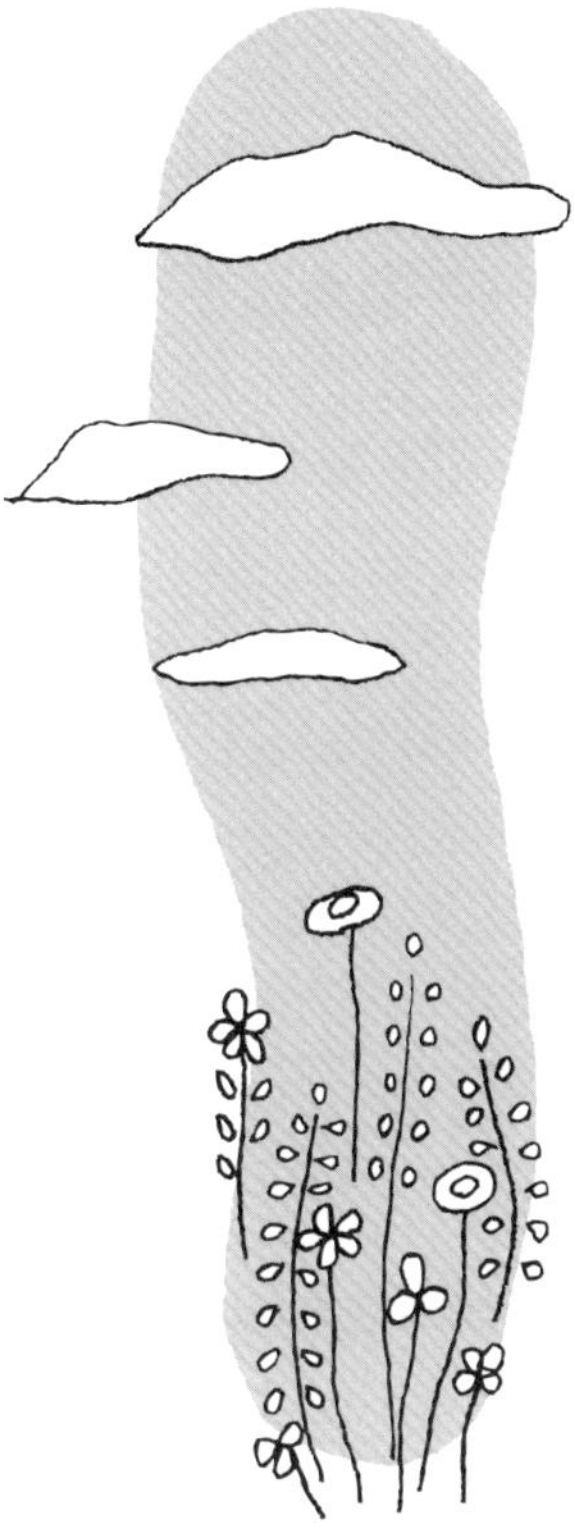

エピソード

生き物を通して、自然を通して、生きる意味を感じてみてください。

5 ヒヨコの話

私は以前、養鶏を学んでいたことがあります。

卵からヒナが孵《ふ》化《か》する瞬間は、実に感動的でした。

はじめ、卵の一部が、中のヒナの小さな口ばしで割られます。

一気に割って出てくるのかと思っていましたが、そうではないのです。

狭い殻の中で、ヒナは身体の向きを変えながら少しずつ殻を割ります。

長い休憩をとりながら、ゆっくりゆっくり殻が割られます。長い時は十分、二十分動かなくなります。殻を割ってやろうかと思いましたが、それをやってはいけないそうです。ヒナは死んでしまうそうです。

ヒナは、自分の身体の変化に合わせて、自分を出産しているのです。

健康に生まれ健康に育つために、それが必要なプロセスなのです。


親鳥が必要なタイミングで、外から殻を突いて、少しだけ手伝います。

親は、手をかけすぎても、かけなさすぎても、よくないのです。

それが自然の中での「親子」の姿なのです。


孵卵器《ふらんき》で孵化して、一度も親鳥に抱かれることのないヒヨコを、親鳥の代わりに一羽ずつ両手の中に包み込み、しばらくそのままじっと愛情を注ぎ、心を込めて声を掛けてから、寝枠《ねわく》の中に放します。

これを入雛《にゅうすう》と言います。

手の中で、小さなヒヨコが動きます。こんなにも小さい命。

デリケートで精巧で、絶対に人工的にはつくり出せない神秘の命。

この作業をていねいにすると、その後、ヒヨコはうまく育つのです。

これを手抜きするとヒヨコはうまく育ちません。病気になったり、死んでしまったりします。不思議ですが、実際に結果が出ているのです。

精いっぱいの愛情をかけ、手間をかけたヒヨコは健康にすくすくと育ちます。

ヒヨコにとっても、愛情はとても大切なのです。

6 オンドリの話

有精卵を採るために、百二十羽のメスに必要なオンドリは何羽でしょう。多ければオスがけんかをし、少なければ無精卵ができたり、メスがけんかをします。答えは、メス百二十羽に対して、オスは五羽！

オスは、有精卵を得るために入れているのですが、他にも大きな働きがあります。メスを守り安心させるのが役割です。メスが安心できていると、産卵が安定するのです。オスは平和なときには奥に控えています。

餌をやると、まずオスが安全を確かめてからメスを呼びます。オスはメスが食べている間は安全を確認し、メスが食べ終わってから食べます。

メスがけんかすると、間に割って入り、けんかを止めます。

危険が近づくと、メスに危険を知らせ、危険に立ち向かいます。

外敵（犬や猫やイタチなど）が侵入すると、死ぬまで闘います。

そういうオスの姿を見て、「すごい！　見習わないといけない」と思いました。

ところが……。

オンドリがみんな立派なのかというとそうでもありません。

中には、ひどいオスもいるのです。餌を先に食べるオス、危険が近づくと隠れるオス、メスをいじめるオス、そういうオスがいると、無精卵が混じり産卵が減ります。メスにストレスが溜まり、けんかをするようになります。そのオスを排除しなければなりませんが、排除が遅れると、なんと、そのオスはメスに突つかれるようになり、最後は殺されてしまうのです。

ニワトリの世界では、情けないオスは突つき殺されるのです。

あなたは、だいじょうぶ？

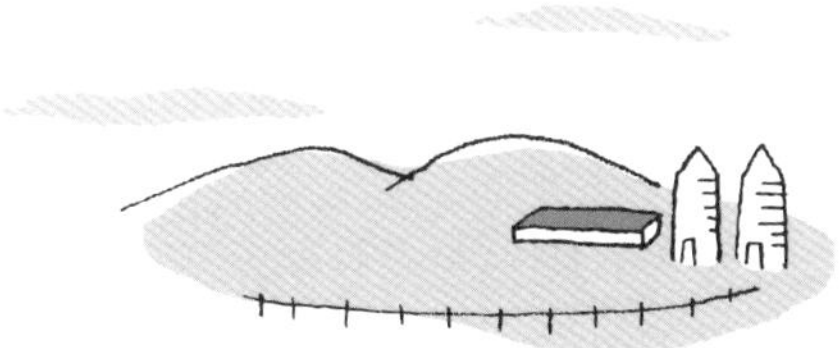

7 モモコ　いただきます

農業実習で牛のお産に立ち会い、その子牛の世話をしたことがあります。モモコと名づけて家族で大切に育てました。研修が終わるとき、その子牛をどうするか決める時が来ました。

選択肢は、①農家に返す　②自分で殺して食べる　でした。

私は②を選びました。

それを決行した日、子どもたちは、「お父さん、モモコがいないよ。どこにいるの」と尋ねました。

私は「モモコはね、食卓で待っているよ」と答えました。

子どもたちは「ええっ?!」と声をあげて食卓に見に行き、悲鳴を上げました。

「うそでしょ?　まさかモモコを……」と絶句。

「うそじゃないよ。これはモモコだよ」と私。

「なんで?!　牛はたくさんいるのに、なんでモモコを殺さないといけないの?　お父さん、きらい!　絶対食べない!」と、大騒ぎになりました。

「なぜ、殺したと思う?」と話しかけました。

「わからない!　そんなのいやだ!」はじめはそんな状態でしたが、

「命の意味をわかってもらいたい。モモコを食べることで、命の意味を考えよう。そのためにモモコに死んでもらったんだよ」

当時、子どもたちは、五歳、八歳、十一歳でした。

子どもたち「モモコは、どんな様子だった?」

私「いつものように、とってもやさしい目をしていたよ」

子どもたち「お父さん、どんな気持ちだった?」

私「つらかった。涙でよく見えなかったよ」

やがて子どもたちは、「モモコを食べる」と決意し、食卓につきました。

そして、みんなで手を合わせて、「モモコ、いただきます」と言いました。

そのとたん、末の子どもが、

「いただきますの意味がわかった！　食べるって意味かと思っていたけど、命をいただきますってことだったんだね！」と言いました。

不思議にも、家族全員が同時に、このことに気づいたのです。

当時、私は四十歳。四十年も「いただきます」と言い続けてきて、やっとこの言葉の本当の意味がわかったのです。

そしてそれから、次々と……

「肉だけでなく、米も野菜も食べ物にはみんな命があるね」

「いただきますは、その命をいただくことだね」

「命をいただくから、生きられるんだね」

「たくさんの命に支えられて生きているんだね」

「だから命を大切にしないといけないね」

「命を大切にするって、みんなの命を大切にすることだよね」

「みんなの命に自分が役に立たないといけないよね」

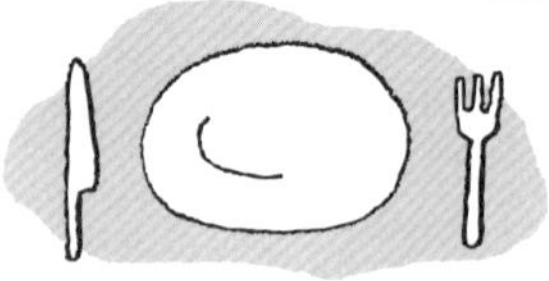

「みんなの幸せのために、生きていかないと意味がないんだね」

宝物のような言葉が、次々に出てきたのです。
子どもたちは、「さすがモモコ！　おいしい！」と言いました。
子どもってすごい。私は、味などわかりませんでした。
食事の終わりに、みんなで「モモコ、ごちそうさま！」と言いました。
そして、モモコに、「ありがとう！」と、最後のお別れをしました。

それ以来、わが家では、食べ物をとても大切にするようになりました。
肉はあまり食べなくなったし、好き嫌いはなくなりました。
飽食も、過食もなくなりました。

8 ピンキー　いってらっしゃい

豚は体長一メートル以上になると出荷されます。出荷というのは屠殺場《とさつじょう》に送り出すことで、両手に楯（ベニヤ板）を持って豚を追い込んでいきます。殺気を感じた豚は必死に逃げようとします。あまり豚を興奮させると危険です。豚は体重百キロ以上ですから、本気で暴れると危険ですし、豚もかわいそう。豚舎全体が大騒ぎになります。

指導員からは、いつも「恐怖を与えず、手早く送り出すように」と指示されますが、なかなかうまくいきません。

あるとき、私が大切に育てていたピンキーを送り出す日が来ました。

この豚は子どもの頃から体が弱く、豚・一倍手がかかりましたので、よけいに可愛いかったのです。せめてこの豚は、やさしく穏やかに送り出してあげたいと心から思いました。

豚房（豚小屋）に入った私は、

「ピンキー、お出かけだよ。さあ、行こう」とやさしく声をかけました。

するとピンキーは、静かに起き上がり、おとなしく私といっしょに歩いて、屠殺場送りの軽トラックまで来ました。そこで立ち止まり、私を振り返りました。私は、「ピンキー、行っておいで」と呼びかけました。するとピンキーは、言葉がわかったように歩き始め、トラックの荷台に乗りました。

そして屠殺場に運ばれていきました。

静かでおだやかな送り出しでした。

見送ったあと立ち尽くしている私に、指導員が近づいてきて、

「見ていたよ。よかったね」と声をかけてくれました。

私は「よかった。死の恐怖を感じさせずに送り出せてよかった」と言いました。

すると、指導員は、「豚はそんなにバカじゃないよ。自分が死ぬごとくらい、わかっているよ」と言いました。

「でも、あんなに静かに歩いていきましたよ」

「この子らの親は誰だ？」

「ああ、そうか……彼らの親は私ですね……」

「子は親を見て育つんだ。子は親を見抜いているよ。親が迷ったら子は迷うんだよ。

親がかわいそうと思えば、子も死を恐れるんだよ。

親が迷わずに『行け！』と言えば、子は迷わずに行くのさ。

親が迷わずに『死ね！』と言えば、子は迷わずに死ぬのさ。

親が迷わなければ、子は迷わない。親は迷っちゃいけないよ。

高木さん、これからの人生、迷わないようにね」

9 エミューのお父さん

エミューはオーストラリアに住むダチョウに似た鳥です。

この鳥の一番の特徴は、メスは卵を産むだけで、オスが卵を温め、子育てもすることです。それは、メスはどんどん卵を産むために、オスが卵を温め、子育てを分業する、という種の保存の知恵なのでしょう。

さらに驚いたことに、子育て中のオスは、はぐれたよその子も群れに入れてあげるのです。最大五十羽の子を連れたオスがいるそうです。

これを見ていてつくづく、自分の子、よその子を区別するのはおかしいなあ、と感じました。

10 ライオンのお母さん

テレビで、お母さんライオンが、迷子になった子どもを探しているドキュメントを見ました。

ナレーターも「時間がたっているから、もう生きていないでしょう」と言っています。お母さんは、あちこち捜しながら、呼びかけるように小さく吠えています。ついに、あきらめたように立ち去ろうとしたところに、草むらから小さなライオンが！　解説者も、「奇跡的です！」と叫びました。

その次のシーン……

人間なら、母親は子どもに駆け寄り、抱きしめて涙を流し、「あんた！どこに行ってたの！　心配したよ！　バカねえ！……よかった、よかった……」など、いろんな情景が目に浮かびます。

ところが母ライオンは、すたすたすたと歩み寄って、子どもをペロペロペロと舐めると、すぐに、すたすたと歩き始めました。

子どもは遅れまいと必死について行きました。


もうひとつ、子どもが死んでしまうドキュメントがありました。

お母さんがなかなか狩りができず、みんなお腹が空いて、三頭の子どものうち末っ子が弱って歩けなくなってきました。お母さんは振り返りながら、励ますように小さく吠え、止まっては進み、待っては進みしています。

遅れている子も必死に追いつこうとしますが、だんだんと距離が離れ、とうとう倒れてしまいます。子どもは、しばらく小さな声で鳴いていましたが、やがて目を閉じました。

お母さんも、しばらく立ち止まって見ていましたが、やがて再び歩みだしました。残る二頭の子どもは、必死についていきました。


死は穏やかでした。自然の摂理を感じました。

自然の中では、こんな具合です。

そもそも、死を恐れたり、パニックを起こすというのは不自然なことかもしれません。

ふだんは、生きるために必要なことをすればいいのでしょうね。生きられなくなったら死ぬ。

みんなが、その生きる基本、生きる原点に戻れば、今の多くの問題や事件は解決するのでしょうね。

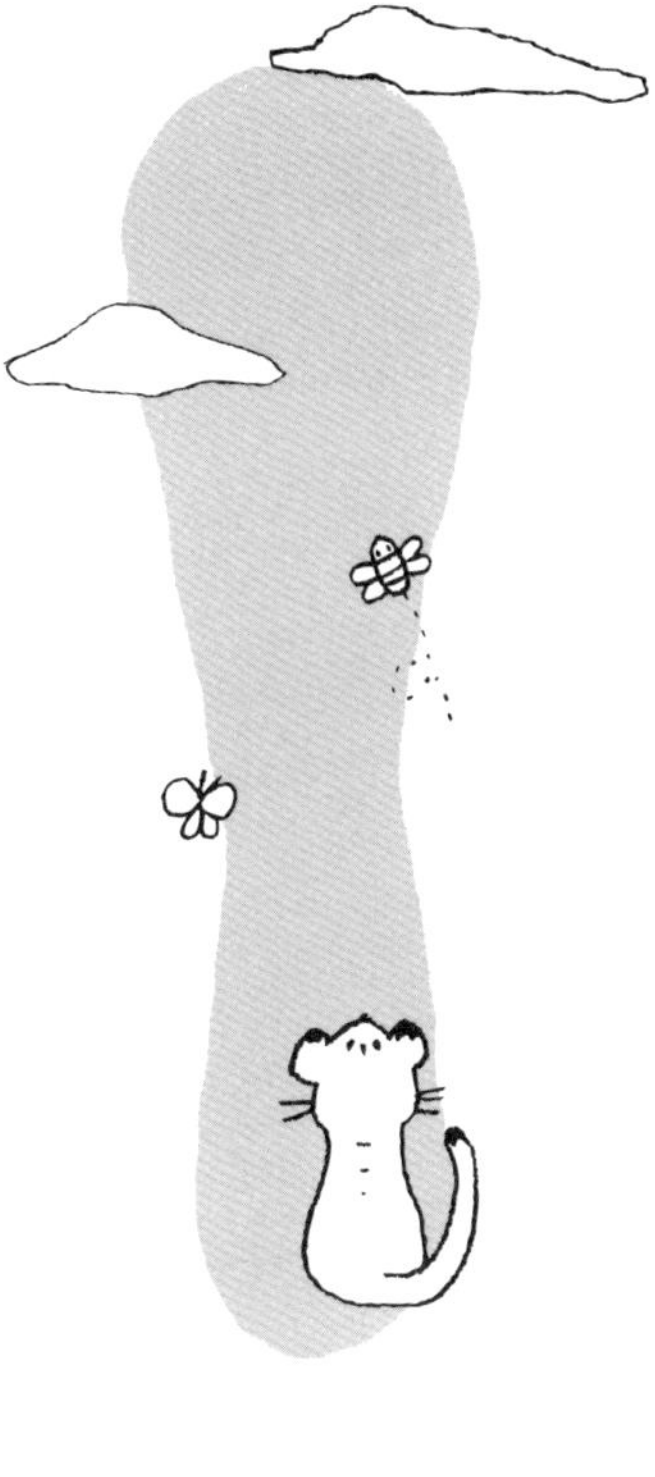

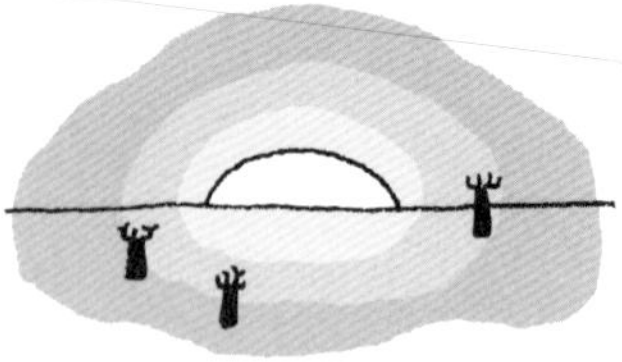

11 ゾウの知恵　ライオンの知恵

ゾウは食べ物が減った時、子どもに食べさせて、自分は食べずに死ぬことがあります。

ライオンは食べ物が減った時、子どもを餓死させてでも自分が生き残ります。

このことをどう思いますか？

どちらも「生きる知恵」なのでしょう。

草食動物は、親が死んでも、子どもは草を食べて生きていける可能性がありますが、肉食動物は、自分で餌を取れない子どもは、親がいないと確実に死んでしまいます。だから親は、子どもを見捨ててでも、自分が生き延びて、再び子どもを産む可能性に賭けるのでしょう。

ＤＮＡは、長い長い歴史の中で、こんなすごい知恵を伝えているのです。

12 百人分のふとん敷き

あるとき合宿研修があり、当番の五人で大広間に百人分のふとんを敷くことになりました。

一通り敷き終わってから、掛けぶとんの模様に上下があることに気づきました。せっかくだから、みんなの気持ちがいいように模様を合わせようということになり、模様を揃えました。枕の位置が揃ってないのも気になり、それもみんなでやり直しました。

二時間かかりましたが、やり終えた時は満足感がありました。

そこに係の人がやってきて、「変更です。A会場からB会場に敷き直してください」と言うのです。私たちは「せっかく敷いたのだから、ここでもいいんじゃない？」と言いましたが、聞き入れてくれません。しかたなく私たちはせっかく敷いた百人のふとんを片付け、B会場でもう一度百人のふとんを敷きました。今度は一時間。満足感がありました。

するとまた係の人がやってきて、「変更です。A会場に変更です」と！

さすがに私たちは腹を立てて文句を言いましたが、聞き入れてくれません。

結局私たちが折れて、B会場を片付けて、またまたA会場に百人のふとんを敷き直しました。今回は一時間を切っていました。

五人は疲れきって、しばらくそこで休憩していました。

私は百人のふとんを見ていて、突然「あっ」と叫びました。

他の仲間は「えっ！　どうしたの？」と私を見ました。

「ふとんが、畑に見えたんだ！　種を蒔いても、雨が降らなければ枯れてしまう。お百姓さんは、もう一度種を蒔くしかないよな……もういやだ！とか、さっき蒔いたじゃないか！とか、なんで雨が降らないんだ！とか、言っても仕方ないよな。ただ、やり直すしかなかっただろうな……。諦めずに何回でも蒔き続けたから、いま俺たちは生きているんだ。それってすごいことじゃないか！　命をつなぐって、こういうことなんだな。……どう思う？　昔の人があきらめずに、こういうことをやり続けてくれたおかげで、いま俺たちは生きているんだ。すごい！……」

そのことに気づいて、私は涙が止まりませんでした。

他の仲間も、私の言う意味がわかって、感動で涙を流しました。

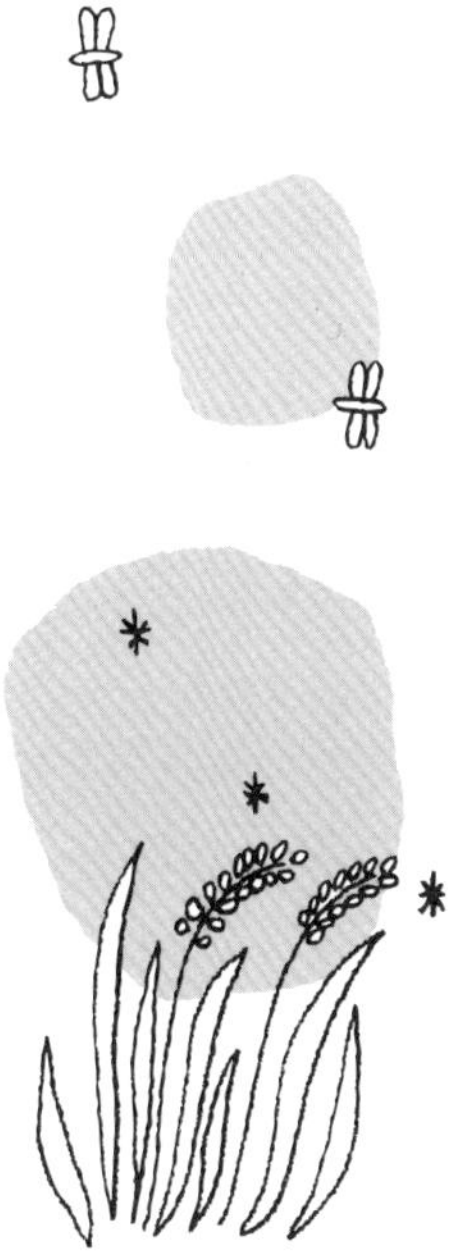

あなたに

ここまで読んでいただいてありがとうございます。いかがでしょうか。

いのちの意味、大切さ、かけがえのない自分に気づかれましたか。最後に、私の気持ち、思いを書かせてください。

13 答えは自分の中に

二〇〇四年十二月のスマトラ沖の大津波で三十万人近くの人が亡くなりましたが、ゾウは鎖を引きちぎって丘の上に逃げて助かりました。ネズミなど野生動物の多くも高い所に逃げて助かったそうです。千年に一度くらいの大地震、大津波なのに、どうしてネズミやゾウが逃げる時期を知っていたのでしょう。

その大津波で、もうひとつ驚きのニュースがありました。

震源の近くの多くの島では、大津波の直前に潮が急に引いた海岸で魚がたくさん飛び跳ねているのを見て、つかみ取りに行った島民のほとんどが死亡しました。そんな中で、古老が「急に海が引いたら津波が来る！ すぐに高台に逃げろ！」と教えていた島があり、そこだけは島民の全員が助かったそうです。

ゾウやネズミが助かったのは、ＤＮＡ。この島民が助かったのは、古老の知恵。どちらも共通しているのは、長い歴史の記憶です。


文明人は、都会で、電気製品、自動車をふんだんに使って生きています。

自然環境を変え、環境破壊をしながらでないと暮らしていけません。

先住民族は、アマゾンの森の中や、アフリカの荒れた大地で何百年も生きています。周りの自然環境を変えもせず、破壊もせずに暮らしています。

自然界には、学校もありませんし、教育もありません。

教えられなくても、時が来れば、交尾し、産卵し、子育てします。季節が来たら、大陸を渡り、旅をします。海を回遊して産卵します。自然の中に暮らす人々（先住民）も、先人の知恵と、本能で、生きていくために必要なことをします。必要なことはすべて自分の中にプログラムされています。

それがＤＮＡです。必要なものは自分の中にあるのです。

いのちは、どんな状況でも生き抜く力を持っているのです。自殺する生物はいません。何があっても生きていくのです。生きていく力、生きていく知恵、探している答えは自分の中にあるのです。答えが見つからないときは、答えがないのではなく、答えを見失っているだけなのです。それを隠しているものが囚われ（カバー）です。dis（打ち消しの意味）＋cover（囚われ）＝discover!　発見です！

カバーをはずしてください。答えを見つけてください。

14 生き方は自分で決める

世の中には、自分の人生に迷ったり、生き方が見つからずに悩んでいる人がたくさんいますが、自分の人生は、自分が決めるしかないのです。

誰がなんと言おうと、結局は自分が決めるのです。

自然界には、生き方に迷う生物はいません。

生き方は、自分の中にあるのです。カバーをはずせば、見つかるのです。


もしよかったら、私の考えを参考にしてください。

「人生は、幸せの実現のためにあるのです。

すべての命は、幸せの実現のために生まれてきたのです。

幸せとは、自分だけではなく、周りのみんなを幸せにすることなのです」

15 自分が変われば周りが変わる

自分が変われば、周りが変わる。
周りが変われば、世界が変わる。
現在が変われば、未来が変わる。
私は、これまでの人生を通して、このことを実感しました。
これを「鏡の法則」とか、「引き寄せの法則」ということもあります。

すべては自分。
自分しだいで、すべてが変わるのです。
自分がだめだ、だめだと思えば、本当にだめになります。
自分がチャレンジしないと、何事も前に進みません。
あきらめなければ、何事もいつか必ず実現します。

あとがき

ふるさとは、私たちが生まれたところ。
私たちはスターチャイルド（星の子）です。ふるさとは大宇宙です。
私たちは、大切なこころざし（役割）をもってこの世にやってきたのです。
こころざしは何だったのでしょう。思い出してみませんか。

うさぎ追いし　かの山　小ぶな釣りし　かの川
夢はいまもめぐりて　忘れがたき　ふるさと
いかにいます父母　つつがなきや　友がき
雨に風につけても　思いいずる　ふるさと
こころざしを果たして　いつの日にか帰らん
山は青きふるさと　水は清きふるさと

高木 善之（たかぎよしゆき）

1970 年　大阪大学物性物理学科卒業、
パナソニック在職中は技術統括室、本社技術企画室。
フロン全廃、割り箸撤廃、環境憲章策定、森林保全など推進。
ピアノ、声楽、合唱指揮など音楽分野でも活躍。
1991 年　環境と平和の国際 NGO　ネットワーク『地球村』を設立。
リオ地球サミット、沖縄サミット、ヨハネスブルグ環境サミットに参加。

ネットワーク『地球村』

『地球村』（永続可能社会、環境調和社会）の実現をめざし、
①事実を知らせ、②解決への提言などを呼びかける市民団体。
基本理念は「非対立」（抗議、要求、戦いをしない）
http://www.chikyumura.org/

講演、著書

地球環境、世界の現状、政治経済、生き方など。
『軍隊を廃止した国 コスタリカ』『キューバの奇跡』
『地球村とは』『非対立』『大震災と原発事故の真相』
『幸せな生き方』『平和のつくり方』『オーケストラ指揮法』
『ありがとう』『いのち』『宇宙船地球号』『宇宙体験』
など多数。
http://www.chikyumura.or.jp

お問合せ先

ネットワーク『地球村』
〒 530-0027 大阪市北区堂山町 1-5-405
TEL:06-6311-0309　FAX:06-6311-0321
Email:office@chikyumura.org